AF222069

Impressum
Verlag: BABADADA GmbH, Nedderfeld 112 , 22529 Hamburg
Geschäftsführer / Verlagsleitung: Harald Hof
Druck: Books on Demand GmbH, In de Tarpen 42, 22848 Norderstedt

Imprint
Publisher: BABADADA GmbH, Nedderfeld 112 , 22529 Hamburg, Germany
Managing Director / Publishing direction: Harald Hof
Print: Books on Demand GmbH, In de Tarpen 42, 22848 Norderstedt

училище
colegio

класна стая
aula

деление
dividir

186/2

училищен двор
patio de escuela

черна дъска
pizarrón

учител
maestro

хартия
papel

пиша
escribir

химикал
birome

бюро
escritorio

линеал
regla

книга
libro

ученик
alumno

ученическа раница

mochila

ученически несесер

caja de lápices

молив

lápiz

острилка за моливи

sacapuntas

гума

goma (de borrar)

блок за рисуване

bloc de dibujo

рисунка

dibujo

четка

pincel

акварелни бои

caja de pinturas

ножица

tijera

лепило

pegamento

тетрадка за упражнения

cuaderno de ejercicios

домашна работа

tarea

число

número

събиране

sumar

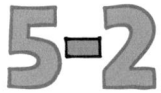

изваждане

restar

умножение

multiplicar

смятане

calcular

буква

letra

азбука

abecedario

дума

palabra

текст

texto

чета

leer

тебешир

tiza

час

lección

дневник на класа

cuaderno de clase

изпит

examen

свидетелство

certificado

ученическа униформа

uniforme escolar

образование

educación

справочник

enciclopedia

университет

universidad

микроскоп

microscopio

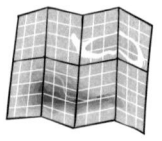

карта

mapa

кошче за хартиени отпадъци

tacho (de basura)

пътуване
viaje

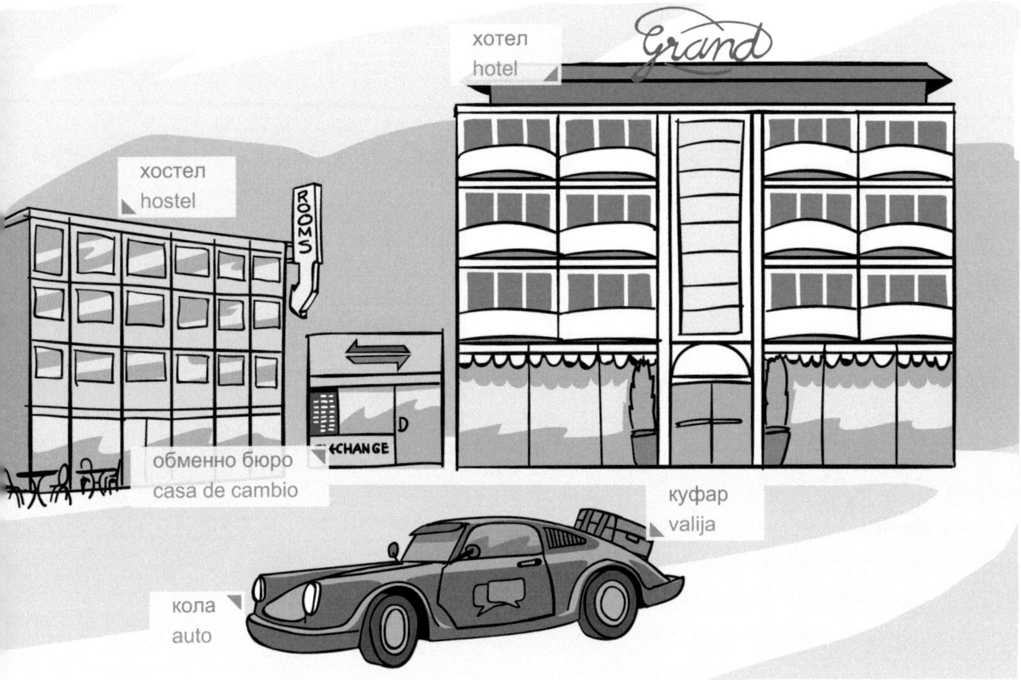

хотел
hotel
Grand
хостел
hostel
ROOMS
обменно бюро
casa de cambio
куфар
valija
кола
auto

език
idioma

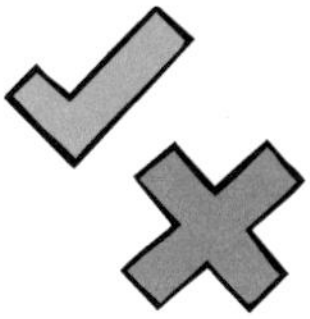

да / не
sí / no

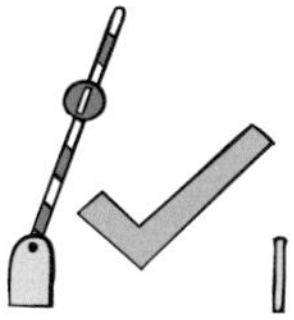

Океј
Está bien

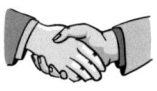

здравей
hola

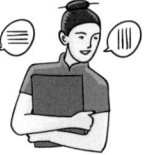

преводач
traductor

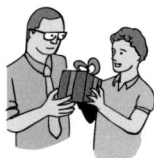

Благодаря
Gracias

Колко струва…?

¿cuánto cuesta…?

Не разбирам

No entiendo

проблем

problema

Добър вечер!

¡Buenas tardes!

Добро утро!

¡Buenos días!

Лека нощ!

¡Buenas noches!

довиждане

adiós

посока

dirección

багаж

equipaje

пътна чанта

bolso

раница

mochila

посетител

invitado

стая

habitación

спален чувал

bolsa de dormir

палатка

carpa

туристическа информация

información turística

плаж

playa

кредитна карта

tarjeta de crédito

закуска

desayuno

обед

almuerzo

вечеря

cena

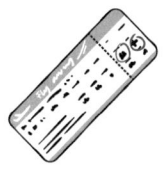

билет

pasaje

асансьор

ascensor

пощенска марка

sello

граница

frontera

митница

aduana

посолство

embajada

виза

visa

паспорт

pasaporte

транспорт
transporte

самолет
avión

кораб
barco

пожарна кола
autobomba

товарен автомобил
camión

автобус
colectivo

моторна лодка
lancha a motor

велосипед
bicicleta

кола
auto

ферибот
ferry

лодка
bote

мотоциклет
moto

полицейска кола
patrullero

състезателна кола
auto de carreras

кола под наем
auto de alquiler

каршеринг

alquiler de autos

автомобил от "Пътна помощ"

grúa

сметовоз

camión de basura

двигател

motor

бензин

nafta

бензиностанция

estación de servicio

пътен знак

señal de tránsito

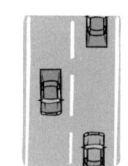

улично движение

tránsito

задръстване

embotellamiento

паркинг

estacionamiento

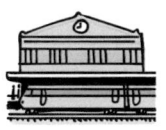

гара

estación de tren

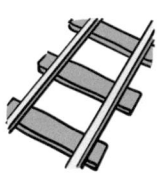

релси

vías

влак

tren

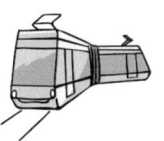

трамвай

tranvía

вагон

vagón

хеликоптер

helicóptero

аерогара

aeropuerto

кула

torre

пасажер

pasajero

контейнер

contenedor

кашон

caja de cartón

ръчна количка

carretilla

кошница

canasta

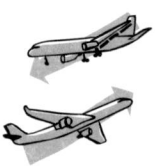

излитам / приземявам се

despegar / aterrizar

град

ciudad

село

pueblo

градски център

centro de ciudad

къща

casa

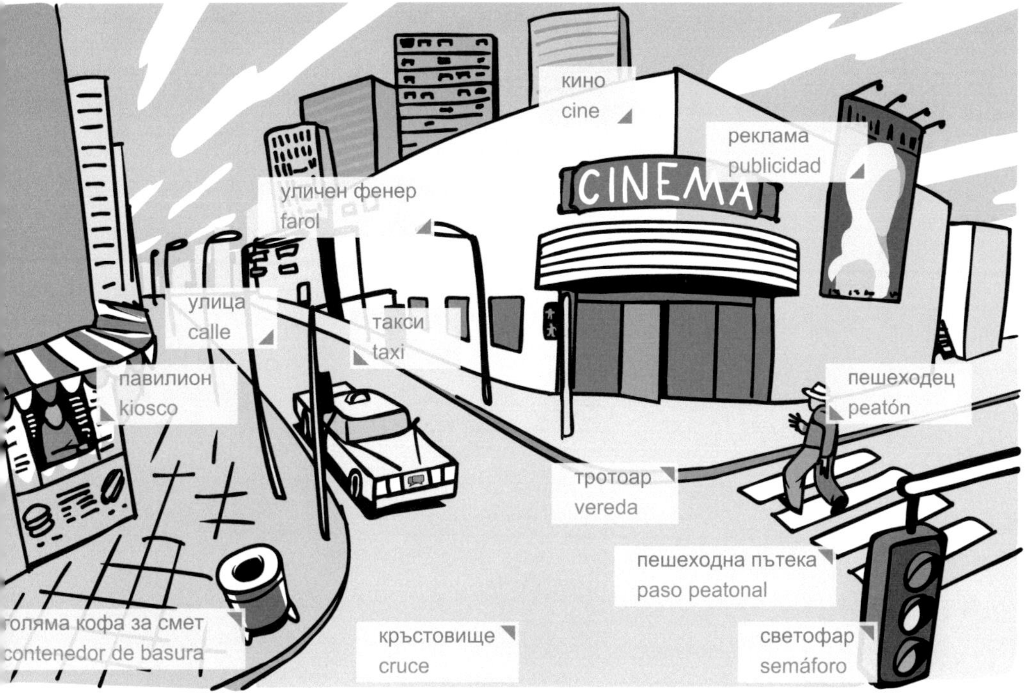

кино
cine

реклама
publicidad

уличен фенер
farol

CINEMA

улица
calle

такси
taxi

павилион
kiosco

пешеходец
peatón

тротоар
vereda

пешеходна пътека
paso peatonal

голяма кофа за смет
contenedor de basura

кръстовище
cruce

светофар
semáforo

хижа
cabaña

жилище
departamento

гара
estación de tren

кметство
municipalidad

музей
museo

училище
colegio

университет

universidad

банка

banco

болница

hospital

хотел

hotel

аптека

farmacia

офис

oficina

книжарница

librería

магазин за цветя

negocio

магазин за цветя

florería

супермаркет

supermercado

пазар

mercado

универсален магазин

grandes tiendas

търговец на риба

pescadería

търговски център

centro comercial

пристанище

puerto

парк

parque

пейка

banco

мост

puente

стълба

escaleras

метро

subte

тунел

túnel

автобусна спирка

parada del colectivo

бар

bar

ресторант

restaurante

пощенска кутия

buzón

улична табелка

letrero

часовник за паркинг
престой

parquímetro

зоологическа градина

zoológico

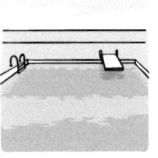

плувен басейн

pileta

джамия

mezquita

селски двор

granja

замърсяване на околната среда

contaminación

гробище

cementerio

църква

iglesia

детска площадка

juegos infantiles

храм

templo

пейзаж

paisaje

листо
hoja

пътепоказател
poste indicador

път
camino

ливада
pradera

камък
piedra

дърво
árbol

пътешественик
excursionista

река
río

трева
hierba

цвете
flor

долина

valle

планина

montaña

море

lago

гора

bosque

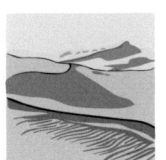

пустиня

desierto

вулкан

volcán

замък

castillo

дъга

arco iris

гъба

champiñón

палма

palmera

комар

mosquito

муха

mosca

мравка

hormiga

пчела

abeja

паяк

araña

бръмбар

escarabajo

жаба

rana

катеричка

ardilla

таралеж

erizo

заек

liebre

кукумявка

lechuza

птица

pájaro

лебед

cisne

диво прасе

jabalí

елен

ciervo

лос

alce

бент

presa

вятърна турбина

aerogenerador

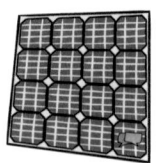

соларен модул

panel solar

климат

clima

ресторант
restaurante

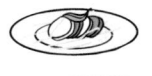

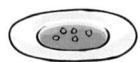

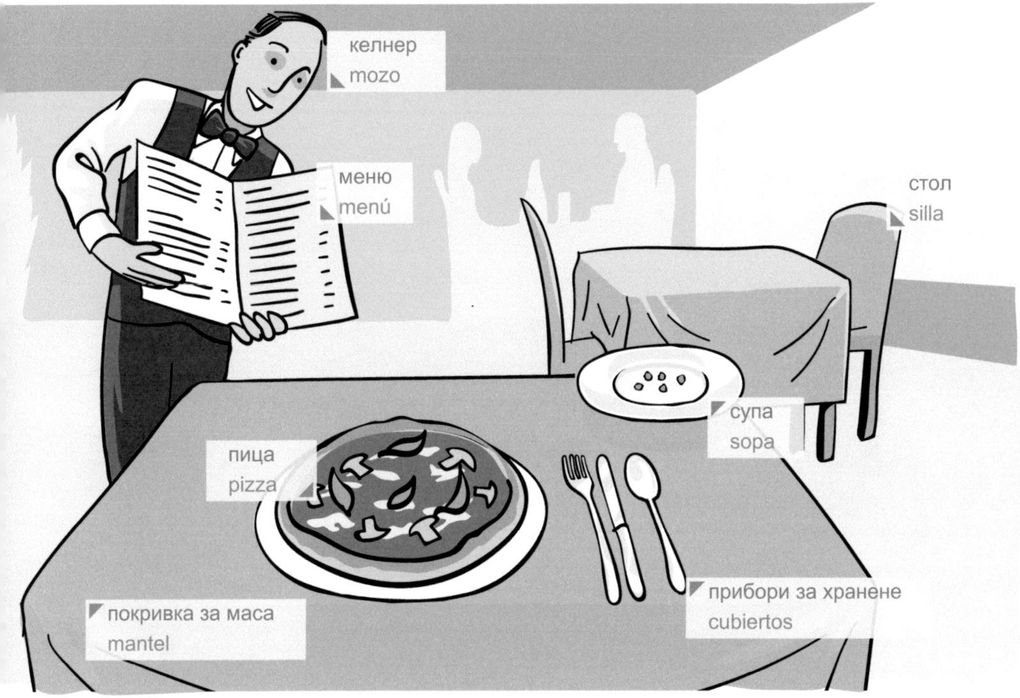

келнер
mozo
меню
menú
стол
silla
супа
sopa
пица
pizza
прибори за хранене
cubiertos
покривка за маса
mantel

предястие

entrada

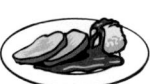

основно ястие

plato principal

десерт

postre

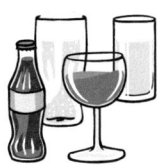

напитки

bebidas

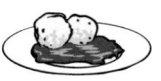

ядене

comida

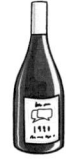

бутилка

botella

бързо хранене

comida rápida

улична храна

comida callejera

кана за чай

tetera

кутия за захар

azucarera

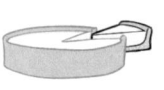

порция

porción

еспресо машина

cafetera expreso

висок детски стол

sillita alta

сметка

cuenta

табла

bandeja

ножица за нокти

cuchillo

вилица

tenedor

лъжица

cuchara

чаена лъжичка

cucharita

салфетка

servilleta

стъклена чаша

vaso

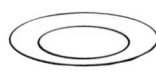

чиния

plato

чиния за супа

plato hondo

чинийка

plato

сос

salsa

солница

salero

мелничка за черен пипер

molinillo de pimienta

оцет

vinagre

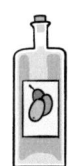

олио

aceite

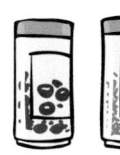

подправки

especias

кетчуп

kétchup

горчица

mostaza

майонеза

mayonesa

супермаркет
supermercado

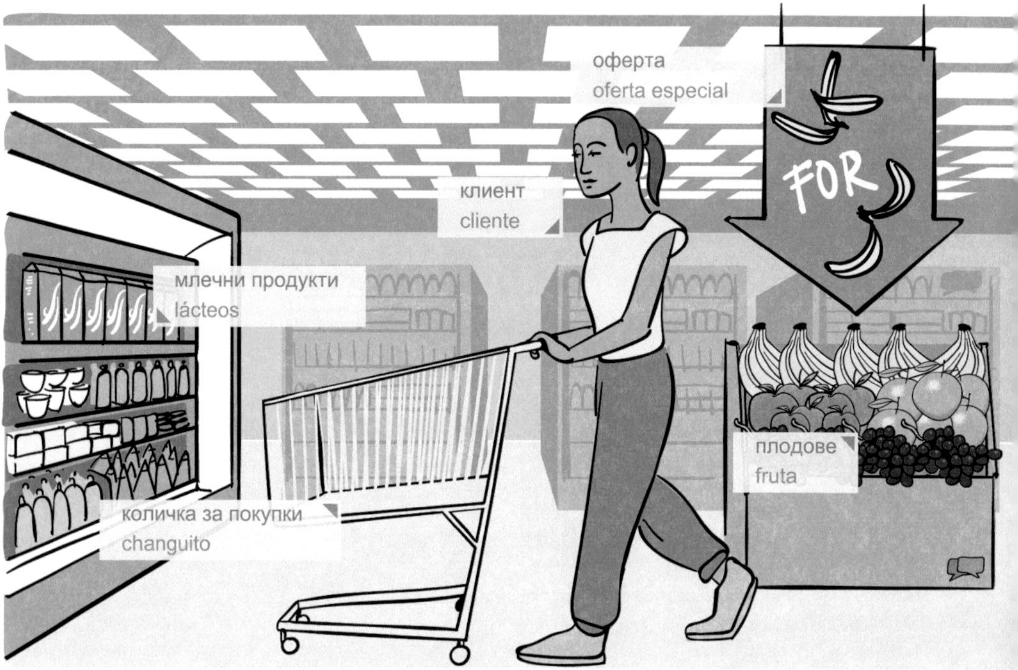

оферта
oferta especial
FOR
клиент
cliente
млечни продукти
lácteos
плодове
fruta
количка за покупки
changuito

BUTCHERS

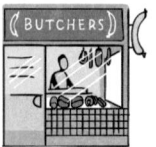

кланица

carnicería

BAKERY

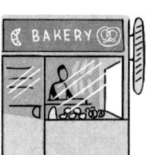

хлебарница

panadería

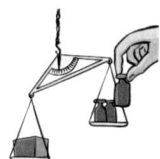

тегля

pesar

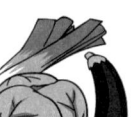

зеленчуци

verduras

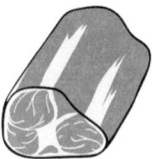

месо

carne

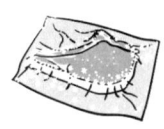

дълбоко замразена храна

alimentos congelados

нарязан колбас или сирене
fiambres

консерви
alimentos enlatados

перилен препарат
detergente en polvo

лакомства
golosinas

домакински изделия
electrodomésticos

почистващи препарати
productos de limpieza

продавачка
vendedora

каса
caja

касиер
cajero

списък на покупките
lista de compras

работно време
horario de atención

портфейл
billetera

кредитна карта
tarjeta de crédito

чанта
cartera

пластмасова торба
bolsa de plástico

bebidas

вода

agua

сок

jugo

мляко

leche

кола

bebida cola

вино

vino

бира

cerveza

алкохол

alcohol

какао

cacao

чай

té

кафе машина

café

еспресо

café expreso

капучино

cappuccino

банан

banana

ябълка

manzana

портокал

naranja

пъпеш

melón

лимон

limón

морков

zanahoria

чесън

ajo

бамбук

bambú

лук

cebolla

гъба

champiñón

ядки

nueces

макарони

fideos

спагети

tallarines

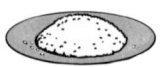

ориз

arroz

салата

ensalada

пържени картофи

papas fritas

печени картофи

papas fritas

пица

pizza

хамбургер

hamburguesa

сандвич

sándwich

шницел

churrasco

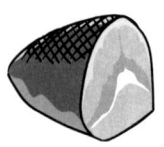

шунка

jamón

траен колбас

salame

салам

salchicha

пиле

pollo

печено

asado

риба

pescado

овесени ядки

copos de avena

мюсли

muesli

корнфлейкс

copos de maíz

брашно

harina

кроасан

medialuna

хлебчета

pancito

хляб

pan

препечена филийка

tostada

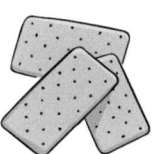

бисквити

galletitas

масло

manteca

извара

cuajada

сладкиш

torta

яйце

huevo

яйца на очи

huevo frito

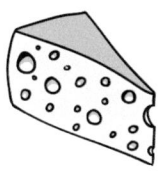

сирене

queso

сладолед

helado

захар

azúcar

мед

miel

мармалад

mermelada

нуга крем

pasta de chocolate

къри

curry

селски двор
granja

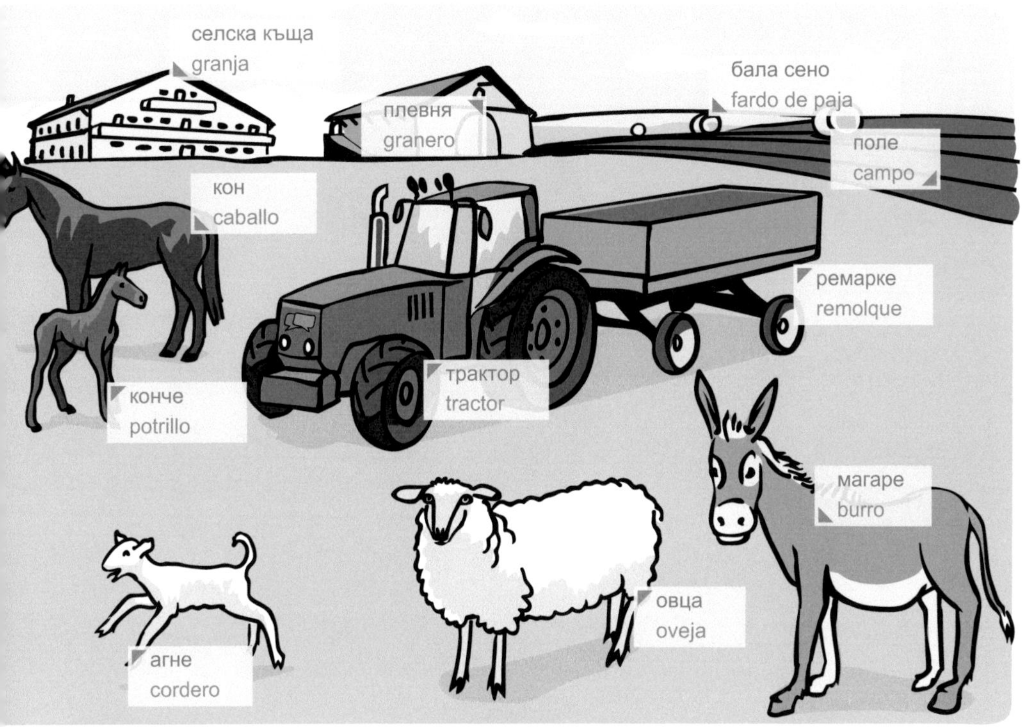

селска къща
granja
бала сено
fardo de paja
плевня
granero
поле
campo
кон
caballo
ремарке
remolque
трактор
tractor
конче
potrillo
магаре
burro
овца
oveja
агне
cordero

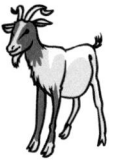

коза

cabra

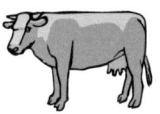

крава

vaca

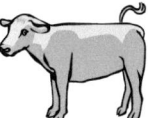

теле

ternero

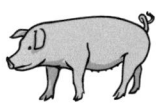

свиня

cerdo

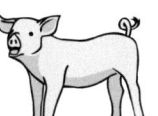

прасенце

lechón

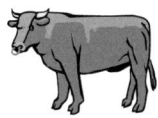

бик

toro

гъска

ganso

патица

pato

пиленце

pollo

кокошка

gallina

петел

gallo

плъх

rata

котка

gato

мишка

ratón

вол

buey

куче

perro

кучешка колиба

cucha

градински маркуч

manguera

лейка

regadera

коса

guadaña

плуг

arado

сърп

hoz

мотика

azada

вила за тор

horquilla

брадва

hacha

ръчна количка

carretilla

корито

abrevadero

съд за мляко

lechera

чувал

bolsa

ограда

reja

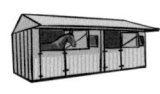

обор

establo

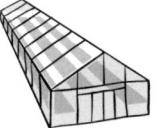

парник

invernadero

земя

suelo

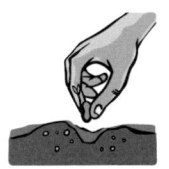

сеитба

semilla

тор

fertilizador

комбайн

cosechadora

жъна

cosechar

реколта

cosecha

ямс

batatas

жито

trigo

соя

soja

картоф

papa

царевица

maíz

рапица

semilla de colza

овощно дърво

árbol frutal

маниока

mandioca

зърнени храни

cereales

къща

casa

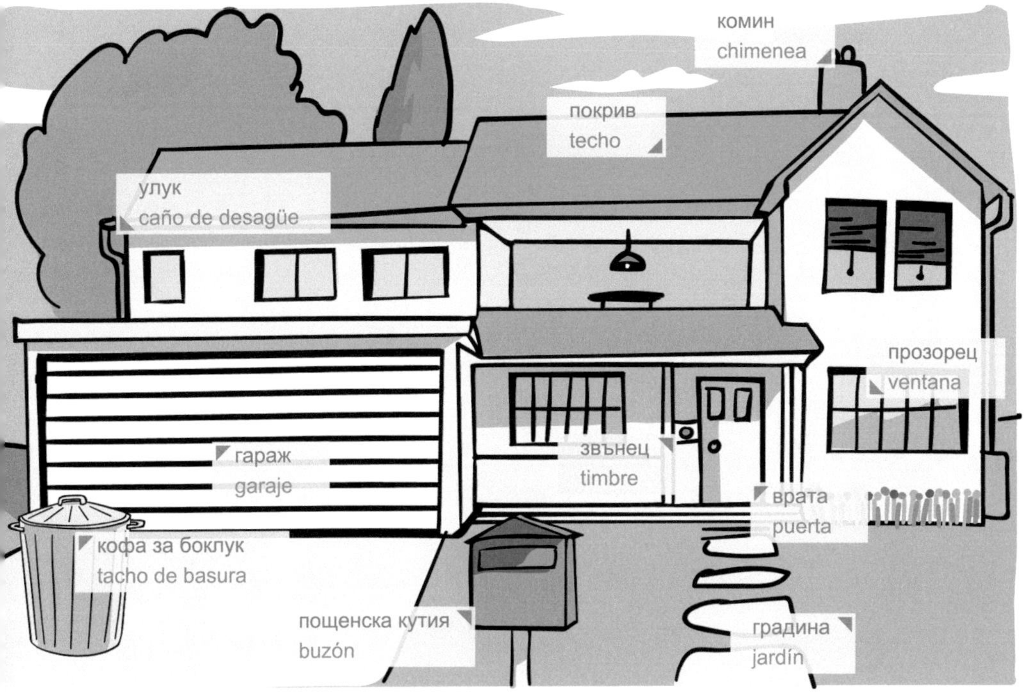

комин
chimenea
покрив
techo
улук
caño de desagüe
прозорец
ventana
гараж
garaje
звънец
timbre
врата
puerta
кофа за боклук
tacho de basura
пощенска кутия
buzón
градина
jardín

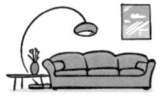

всекидневна

living

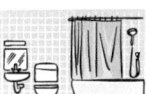

баня

baño

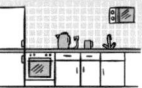

кухня

cocina

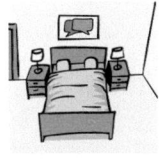

спалня

dormitorio

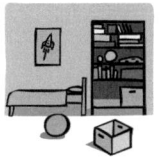

детска стая

cuarto de los chicos

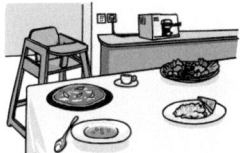

трапезария

comedor

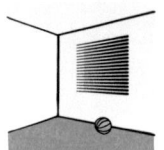

под

piso

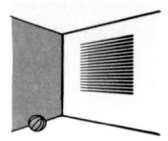

стена

pared

таван

cielorraso

изба

sótano

сауна

sauna

балкон

balcón

тераса

terraza

плувен басейн

pileta

косачка

cortadora de pasto

спално бельо

sábana

покривка за легло

acolchado

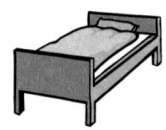

легло

cama

метла

escoba

кофа

balde

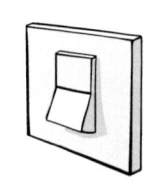

електрически ключ

interruptor

всекидневна
living

тапет
empapelado
картина
imagen
лампа
lámpara
рафт
estante
шкаф
armario
телевизор
televisión
камина
chimenea
цвете
flor
възглавница
almohadón
канапе
sofá
ваза
florero
дистанционно управление
control remoto

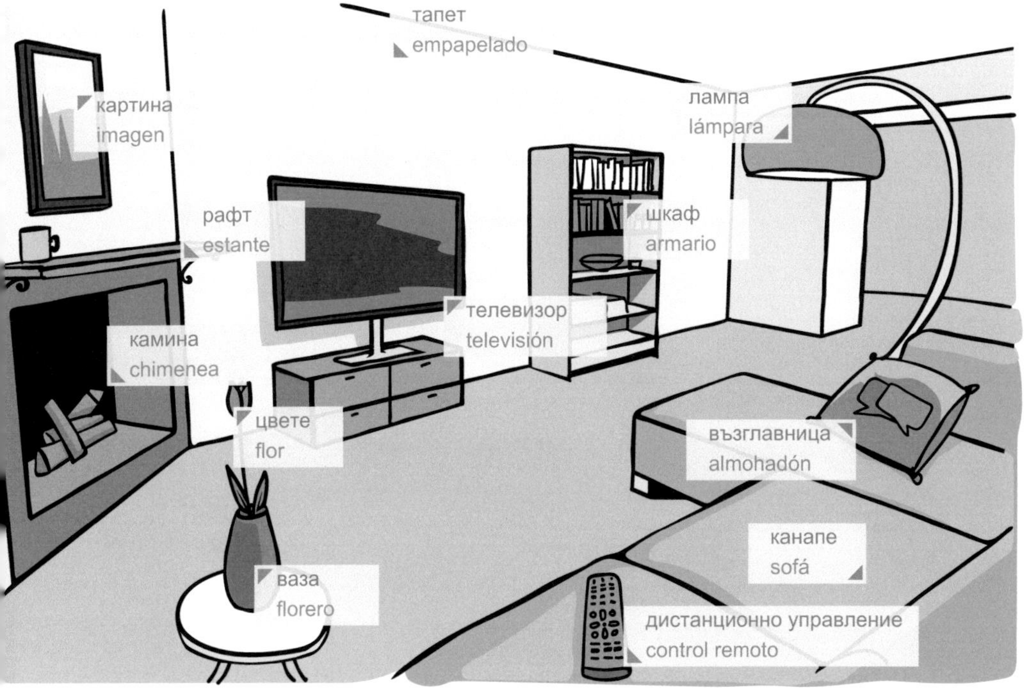

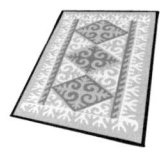

килим

alfombra

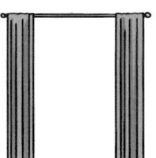

завеса

cortina

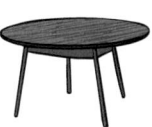

маса

mesa

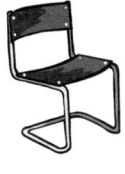

стол

silla

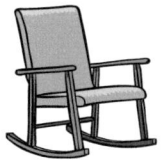

люлеещ се стол

mecedora

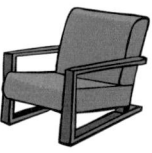

кресло

sillón

книга

libro

одеяло

frazada

декорация

decoración

дърва за отопление

leña

филм

película

стерео уредба

equipo de música

ключ

llave

вестник

diario

живопис

pintura

постер

póster

радио

radio

бележник

cuaderno

прахосмукачка

aspiradora

кактус

cactus

свещ

vela

кухня
cocina

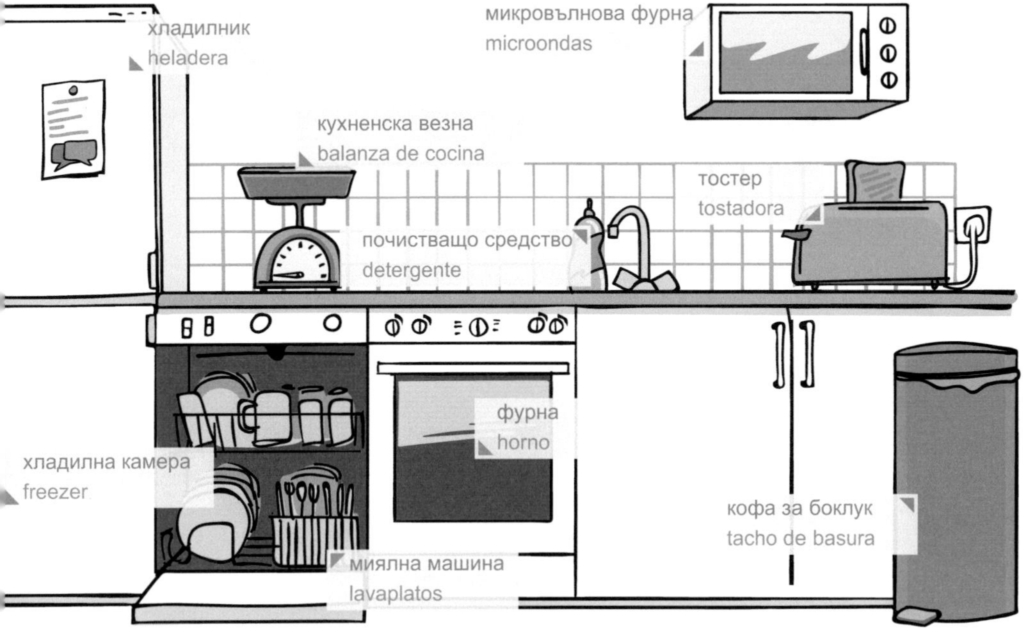
хладилник
heladera
микровълнова фурна
microondas
кухненска везна
balanza de cocina
тостер
tostadora
почистващо средство
detergente
фурна
horno
хладилна камера
freezer
кофа за боклук
tacho de basura
миялна машина
lavaplatos

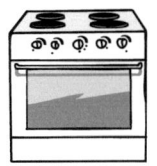

готварска печка

cocina

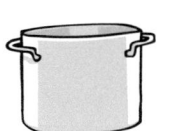

тенджера

olla

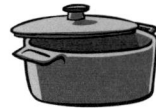

желязна тенджера

olla de hierro fundido

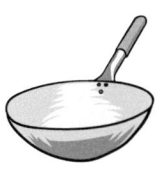

уок / кадаи

wok

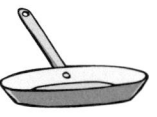

тиган

sartén

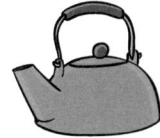

кана за затопляне на вода

pava

уред за готвене на пара

vaporera

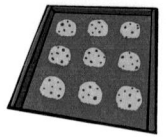

тава за печене

bandeja de horno

съдове

vajilla

чаша

taza

купа

bol

клечки за хранене

palitos

черпак

cucharón

лопатка за тиган

estpátula

тел за разбиване (на яйца, белтъци)

batidora

кошница за варене

colador

гевгир

colador

ренде

rallador

хаван

mortero

барбекю

parrilla

огнище

fogata

дъска

tabla de picar

точилка

palo de amasar

тирбушон

sacacorchos

кутия

lata

отварачка за консерви

abrelatas

кухненска ръкохватка

manopla

мивка

pileta

четка

cepillo

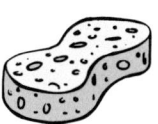

гъба

esponja

миксер

batidora

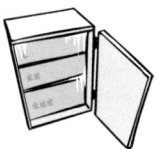

фризер

congelador

бебешко шише

mamadera

воден кран

canilla

баня
baño

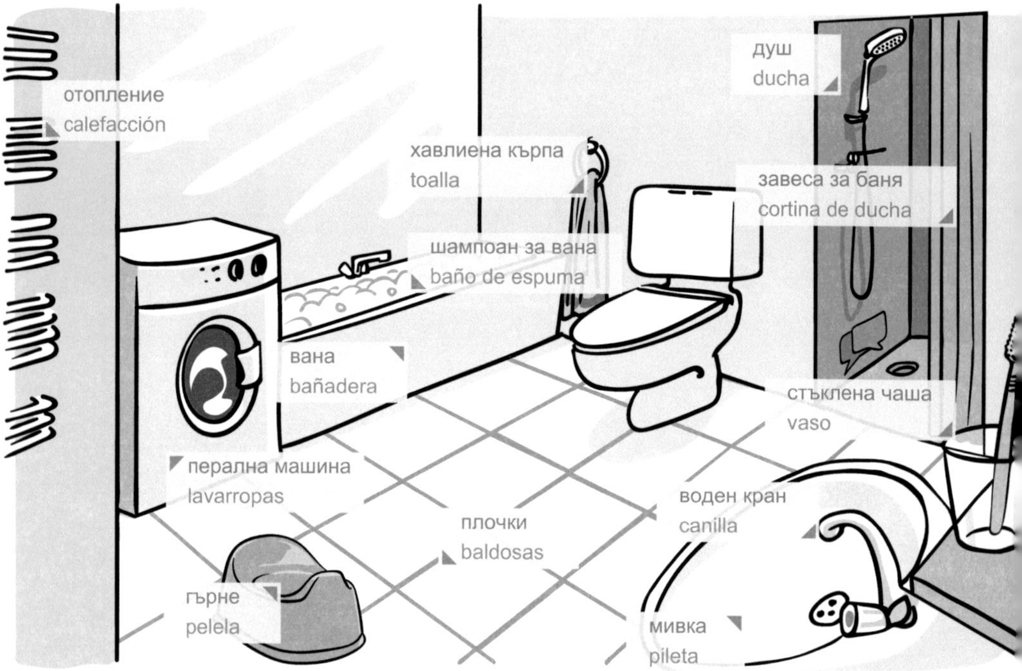

отопление
calefacción

душ
ducha

хавлиена кърпа
toalla

завеса за баня
cortina de ducha

шампоан за вана
baño de espuma

вана
bañadera

стъклена чаша
vaso

перална машина
lavarropas

плочки
baldosas

воден кран
canilla

гърне
pelela

мивка
pileta

тоалетна

inodoro

клекало

letrina

биде

bidé

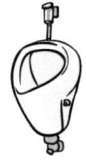

писоар

mingitorio

тоалетна хартия

papel higiénico

четка за тоалетна

cepillo para el inodoro

четка за зъби

cepillo de dientes

паста за зъби

dentífrico

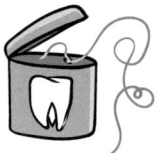

конец за зъби

hilo dental

мия

lavar

ръчен душ

ducha de mano

интимен душ

ducha higiénica

леген

palangana

четка за гръб

cepillo para espalda

сапун

jabón

душ гел

gel de ducha

шампоан за вана

shampoo

гъба за баня

toallita

сифон

desagüe

крем

crema

дезодорант

desodorante

огледало

espejo

козметично огледало

espejito

ръчна самобръсначка

maquinita de afeitar

пяна за бръснене

espuma de afeitar

одеколон за след
бръснене
aftershave

гребен

peine

четка

cepillo

сешоар

secador de pelo

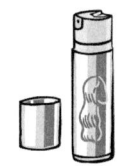

спрей за коса

spray

грим

maquillaje

червило

lápiz de labios

лак за нокти

esmalte para uñas

памук

algodón

ножица за нокти

tijera para uñas

парфюм

perfume

тоалетна чантичка

portacosméticos

табуретка

banqueta

везна

balanza

хавлия

bata

домакински ръкавици

guantes de goma

тампон

tampón

дамски превръзки

toallita femenina

химическа тоалетна

baño químico

детска стая

cuarto de los chicos

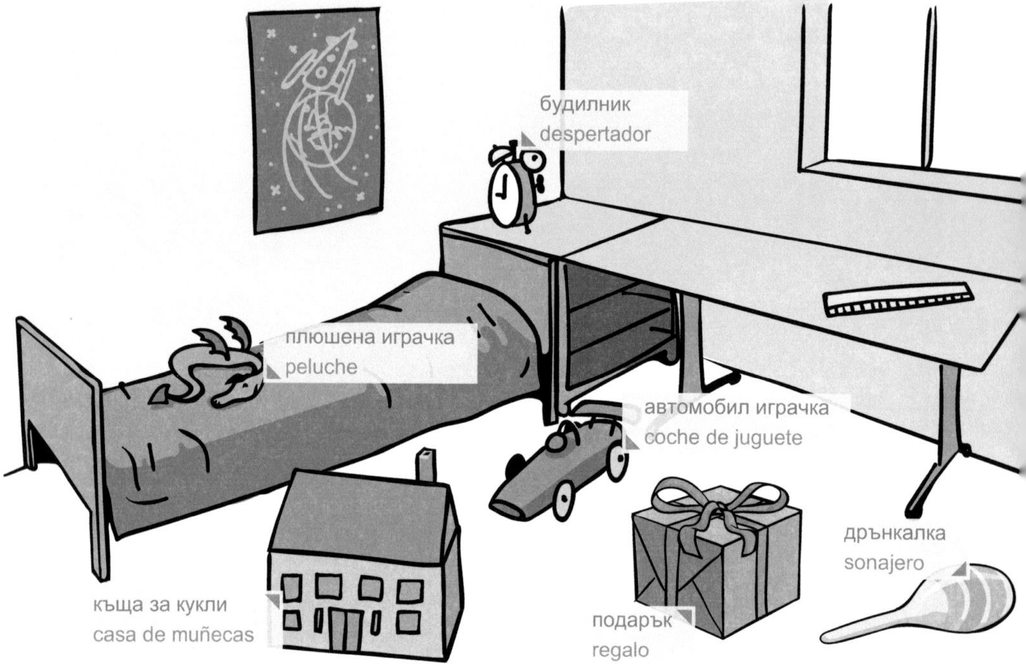
будилник
despertador
плюшена играчка
peluche
автомобил играчка
coche de juguete
дрънкалка
sonajero
къща за кукли
casa de muñecas
подарък
regalo

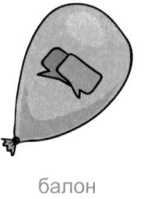

балон

globo

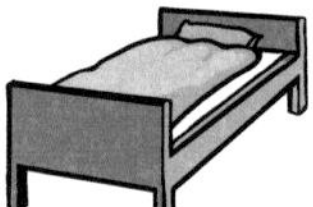

легло

cama

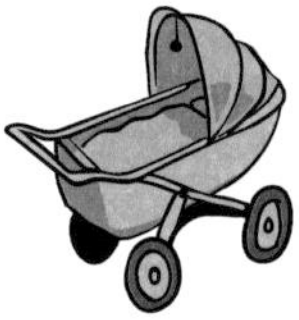

детска количка

cochecito

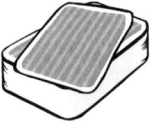

игра на карти

cartas

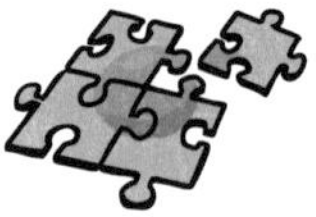

пъзел

rompecabezas

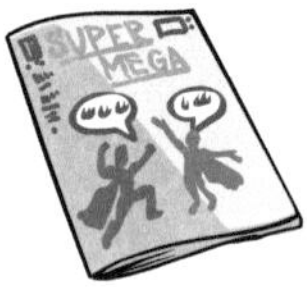
SUPER
MEGA

комикс

historieta

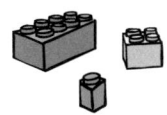

лего елементи

piezas de lego

строителни елементи

ladrillos de juguete

екшън фигурка

figura de acción

бебешки гащеризон

enterito (de bebé)

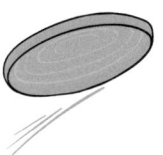

фрисби

frisbee

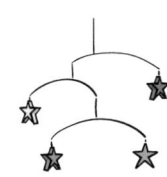

бебешки играчки за легло

móvil para bebés

настолна игра

juego de mesa

зарче

dados

миниатюрно влакче

tren eléctrico

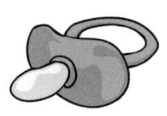

биберон

chupete

парти

fiesta

детска книга с илюстрации

libro de cuentos ilustrado

топка

pelota

кукла

muñeca

играя

jugar

пясъчник

arenero

люлка

hamaca

играчка

juguetes

игрова конзола

consola de videojuegos

велосипед с три колелета

triciclo

плюшено мече

osito de peluche

гардероб

armario

облекло

ropa

къси чорапи

medias

дълги чорапи

medias panty

чорапогащник

calzas

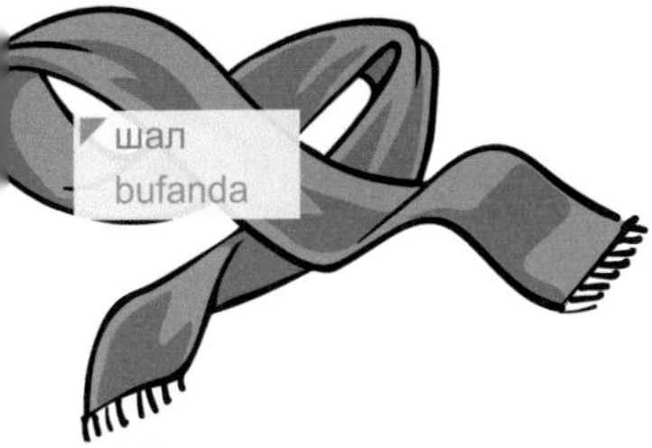

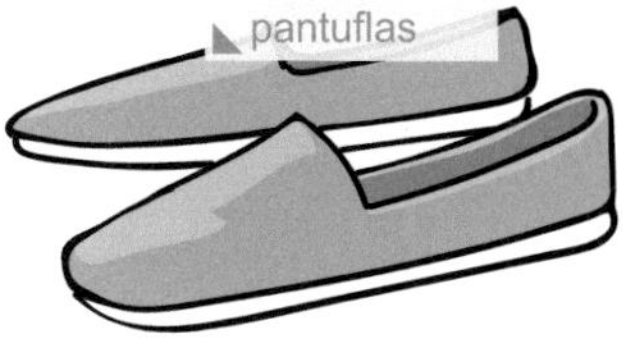

шал
bufanda

чадър
paraguas

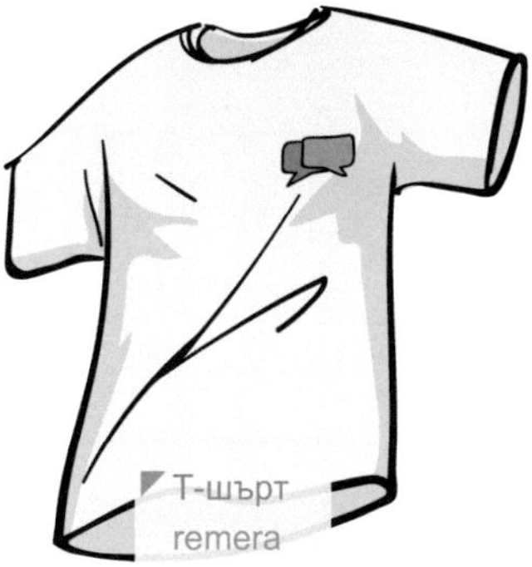

Т-шърт
remera

колан
cinturón

ботуши
botas

пантофи
pantuflas

гуменки
zapatillas

сандали
....
sandalias

обувки
....
zapatos

гумени ботуши
....
botas de goma

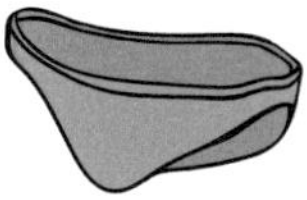

слип
....
ropa interior

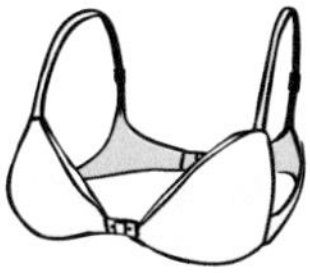

сутиен
....
corpiño

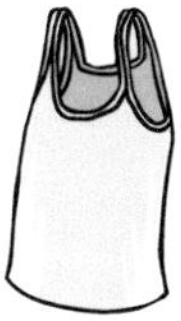

долна блуза
....
chaleco

боди

body

панталон

pantalones

дънки

jeans

пола

pollera

блуза

blusa

риза

camisa

пуловер

pulóver

суичър

buzo

блейзър

blazer

яке

campera

палто

tapado

дъждобран

piloto

костюм

traje

рокля

vestido

булчинска рокля

vestido de novia

костюм

traje

нощница

camisón

пижама

pijama

сари

sari

кърпа за глава

pañuelo para cabeza

тюрбан

turbante

бурка

burka

кафтан

caftán

абая

abaya

бански костюм

traje de baño

плувни шорти

short de baño

къс панталон

shorts

анцуг

jogging

престилка

delantal

ръкавици

guantes

копче

botón

очила

anteojos

гривна

pulsera

верижка

collar

пръстен

anillo

обеца

aro

каскет

gorra

закачалка

percha

шапка

sombrero

вратовръзка

corbata

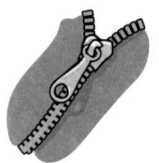

цип

cierre

каска

casco

тиранти

tiradores

ученическа униформа

uniforme escolar

униформа

uniforme

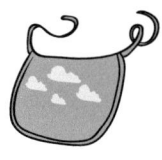

лигавник

babero

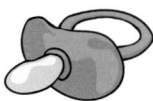

биберон

chupete

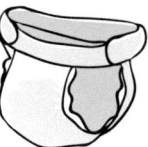

пелена

pañal

офис

oficina

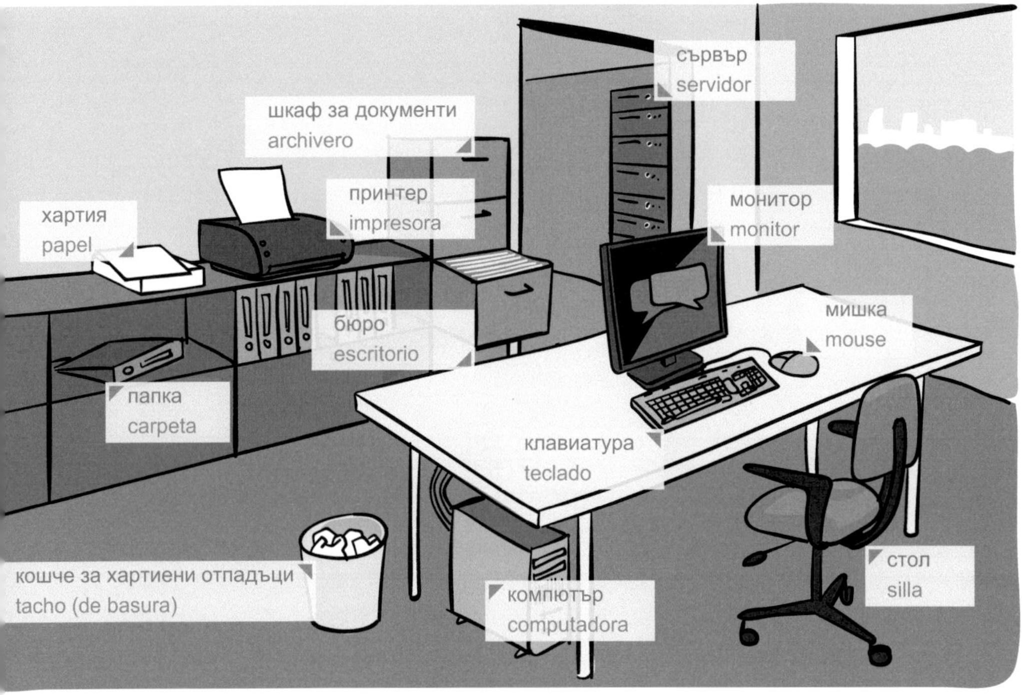

сървър
servidor
шкаф за документи
archivero
принтер
impresora
хартия
papel
монитор
monitor
мишка
mouse
бюро
escritorio
папка
carpeta
клавиатура
teclado
кошче за хартиени отпадъци
tacho (de basura)
компютър
computadora
стол
silla

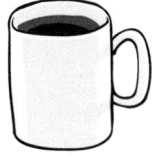

чаша за кафе

taza de café

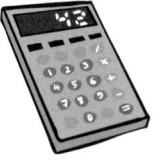

джобен калкулатор

calculadora

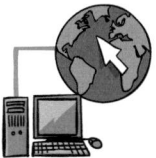

интернет

internet

лаптоп

laptop

писмо

carta

съобщение

mensaje

мобилен телефон

celular

мрежа

red

ксерокс

fotocopiadora

софтуер

software

телефон

teléfono

контакт

tomacorriente

факс

fax

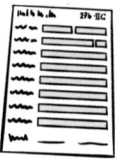

формуляр

formulario

документ

documento

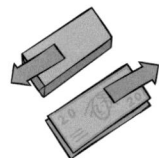

купувам

comprar

плащам

pagar

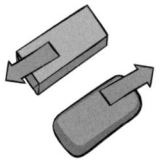

търгувам

hacer negocios

пари

dinero

долар

dólar

евро

euro

йена

yen

рубла

rublo

швейцарски франк

franco suizo

ренминби юан

yuan

рупия

rupia

банкомат

cajero automático

обменно бюро

casa de cambio

злато

oro

сребро

plata

нефт

petróleo

енергия

energía

цена

precio

договор

contrato

данък

impuesto

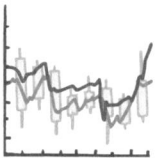

акция

acción

работя

trabajar

служител

empleado

работодател

empleador

фабрика

fábrica

магазин за цветя

negocio

професии

ocupaciones

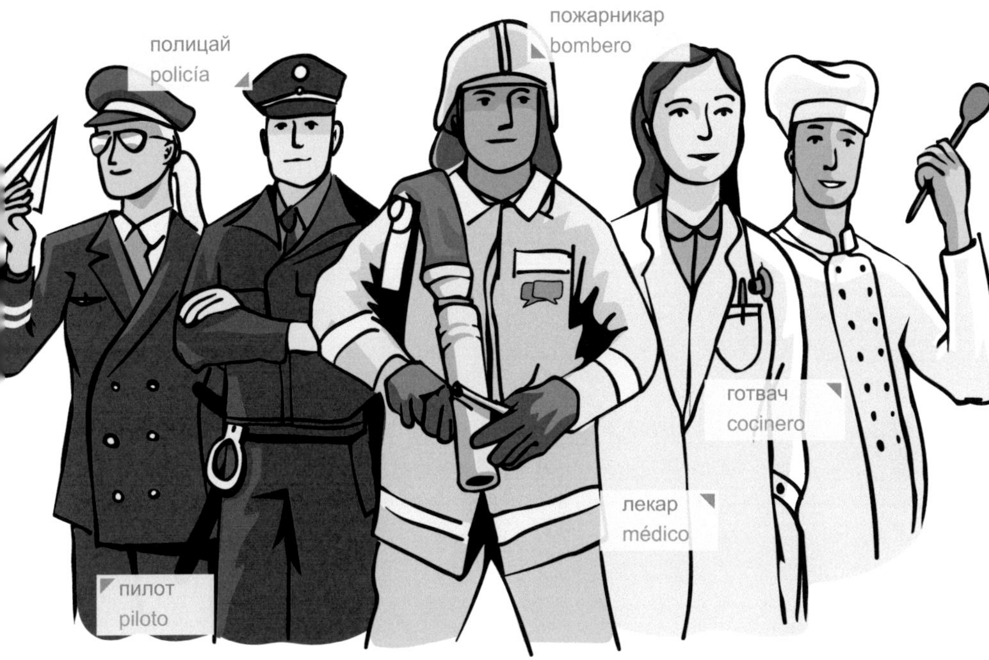
полицай
policía
пожарникар
bombero
готвач
cocinero
лекар
médico
пилот
piloto

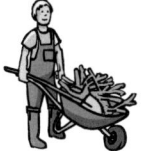

градинар

jardinero

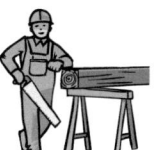

мебелист

carpintero

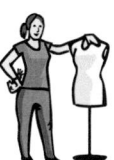

шивачка

modista

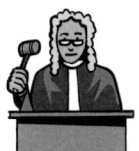

съдия

juez

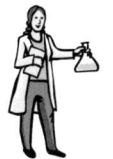

химик

farmacéutico

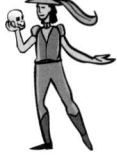

артист

actor

шофьор на автобус

colectivero

шофьор на такси

taxista

рибар

pescador

чистачка

mucama

майстор на покриви

techista

келнер

mozo

ловец

cazador

художник

pintor

хлебар

panadero

електротехник

electricista

строителен работник

albañil

инженер

ingeniero

касапин

carnicero

тенекеджия

plomero

пощальон

cartero

войник

soldado

архитект

arquitecto

касиер

cajero

цветар

florista

фризьор

peluquero

кондуктор

cobrador

механик

mecánico

капитан

capitán

зъболекар

dentista

научен работник

científico

равин

rabino

имàм

imàn

монах

monje

свещеник

sacerdote

инструменти
herramientas

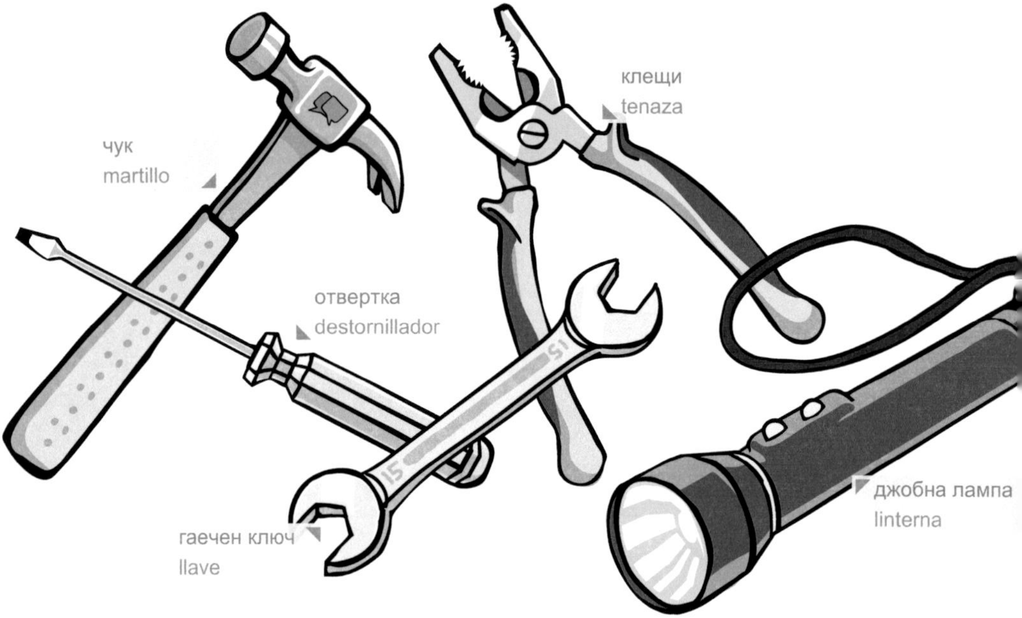
клещи
tenaza
чук
martillo
отвертка
destornillador
джобна лампа
linterna
гаечен ключ
llave

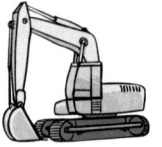

багер

excavadora

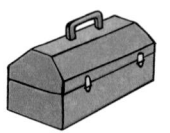

кутия за инструменти

caja de herramientas

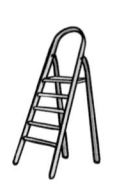

стълба

escalera portátil

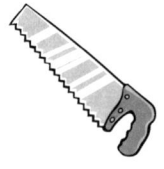

трион

sierra

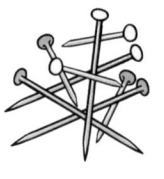

пирони

clavos

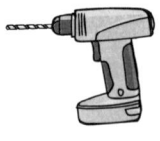

бормашина

taladro

ремонтирам

arreglar

лопата

pala de jardín

По дяволите!

¡Qué bronca!

лопатка за смет

pala de plástico

кутия за боя

tacho de pintura

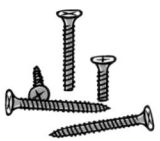

болтове

tornillos

музикални инструменти
instrumentos musicales

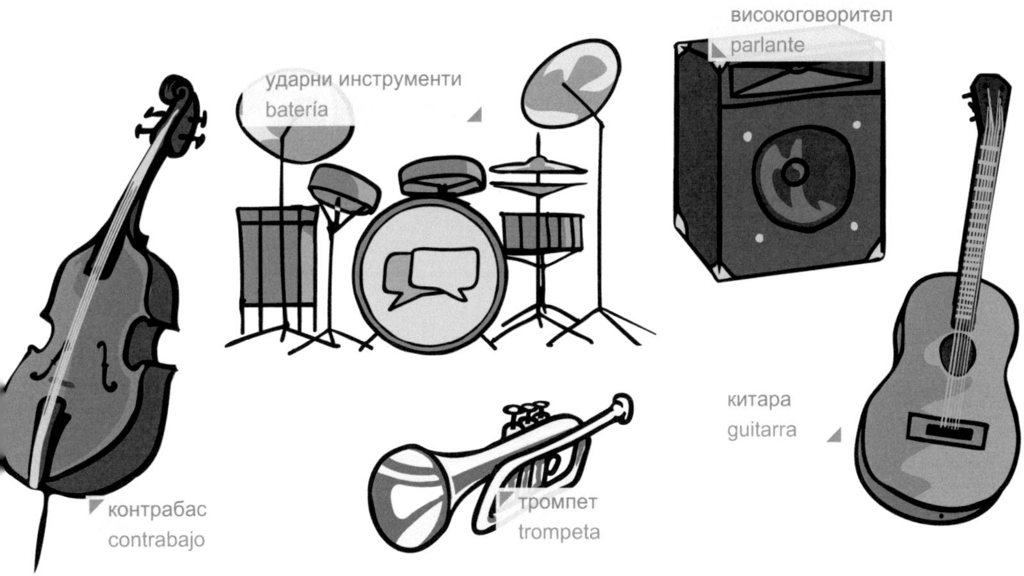

ударни инструменти
batería

високоговорител
parlante

китара
guitarra

контрабас
contrabajo

тромпет
trompeta

пиано

piano

виолина

violín

контрабас

bajo

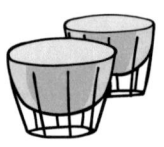

тимпан

timbales

барабан

tambor

електрическо пиано

teclado

саксофон

saxofón

флейта

flauta

микрофон

micrófono

зоологическа градина
zoológico

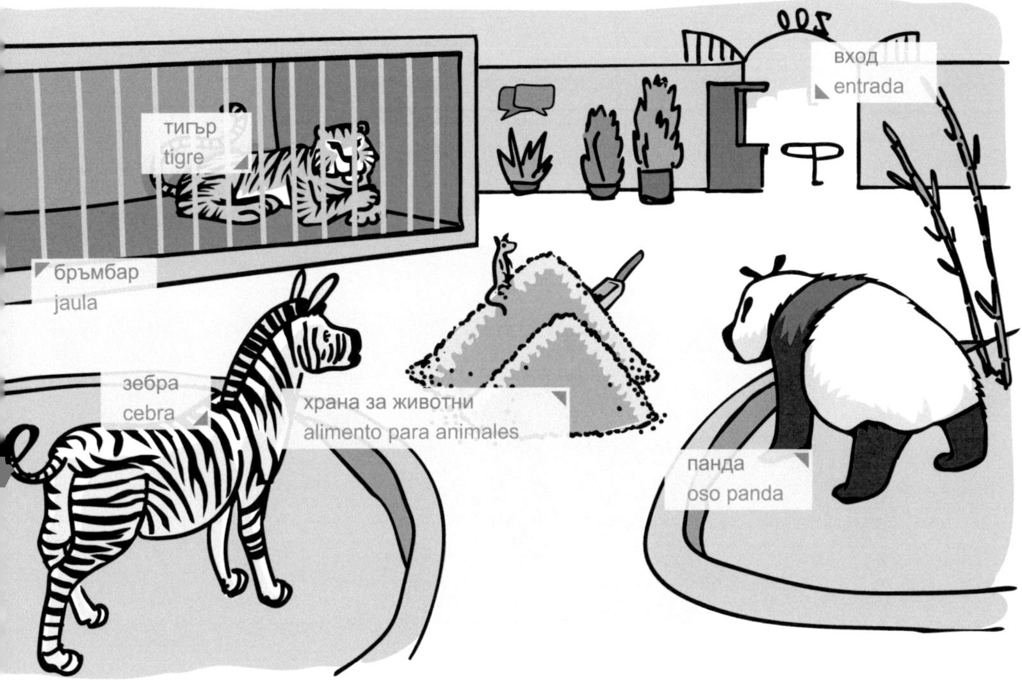

вход
entrada
тигър
tigre
бръмбар
jaula
зебра
cebra
храна за животни
alimento para animales
панда
oso panda

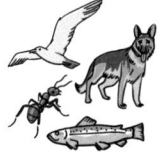

животни

animales

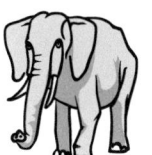

слон

elefante

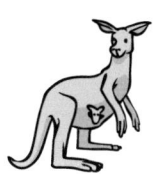

кенгуру

canguro

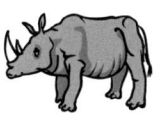

носорог

rinoceronte

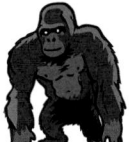

горила

gorila

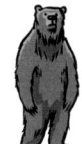

мечка

oso

камила

camello

щраус

avestruz

лъв

león

маймуна

mono

фламинго

flamenco

папагал

loro

бяла мечка

oso polar

пингвин

pingüino

акула

tiburón

паун

pavo real

змия

serpiente

крокодил

cocodrilo

пазач в зоологическа
градина

cuidador del zoológico

тюлен

foca

ягуар

jaguar

пони

poni

леопард

leopardo

хипопотам

hipopótamo

жираф

jirafa

орел

águila

диво прасе

jabalí

риба

pescado

костенурка

tortuga

морж

morsa

лисица

zorro

газела

gacela

американски футбол
fútbol americano

колоездене
ciclismo

тенис
tenis

баскетбол
básquet

плуване
natación

бокс
boxeo

хокей на лед
hockey sobre hielo

футбол
fútbol

бадминтон
bádminton

лека атлетика
atletismo

хандбал
handball

ски бягане
esquí

поло
polo

дейности
actividades

смея се
reír
скачам
saltar
прегръщам
abrazar
вървя
caminar
пея
cantar
сънувам
soñar
моля се
rezar
целувам
besar

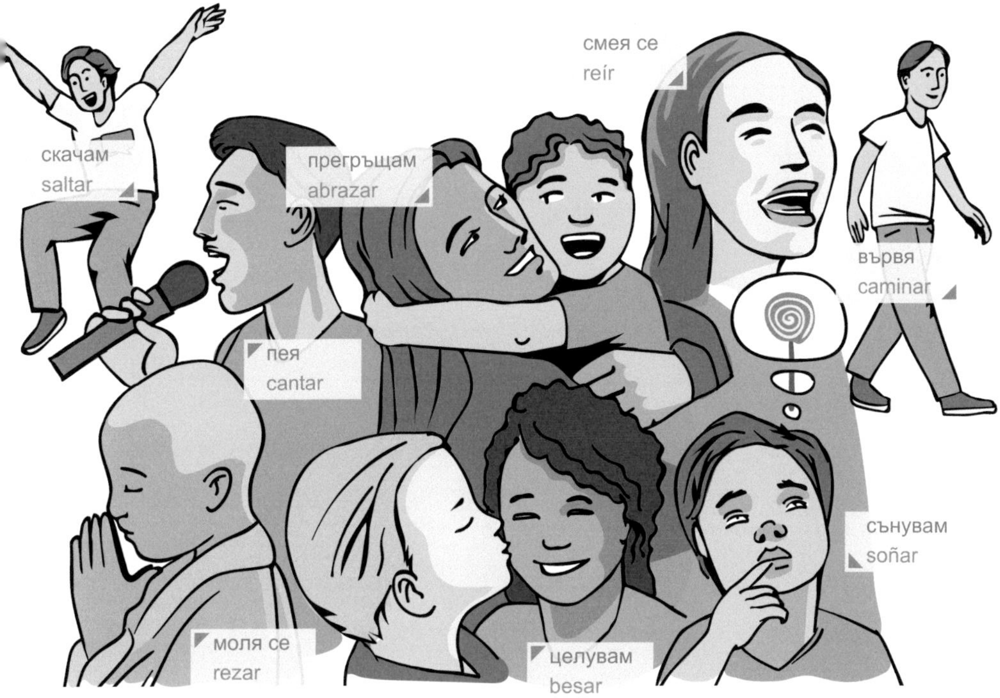

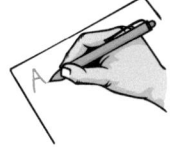

пиша

escribir

рисувам

dibujar

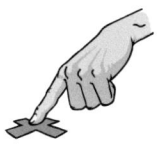

показвам

mostrar

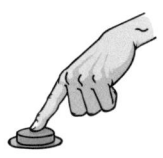

бутам

presionar

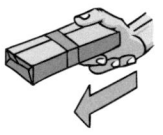

давам

dar

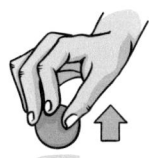

взимам

tomar

имам

tener

правя

hacer

съм

ser

стоя

estar parado

тичам

correr

дърпам

tirar

хвърлям

tirar

падам

caer

лежа

estar acostado

чакам

esperar

нося

llevar

седя

estar sentado

обличам

vestirse

спя

dormir

събуждам се

despertar

разглеждам

mirar

плача

llorar

милвам

acariciar

реша се

peinar

говоря

hablar

разбирам

entender

питам

preguntar

слушам

escuchar

пия

beber

ям

comer

разтребвам

ordenar

обичам

amar

готвя

cocinar

карам автомобил

manejar

летя

volar

плавам (с платна)

navegar

смятане

calcular

чета

leer

уча

aprender

работя

trabajar

женя се

casarse

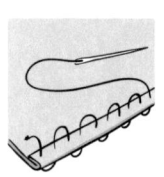

шия

coser

измивам си зъбите

cepillarse los dientes

убивам

matar

пуша

fumar

изпращам

enviar

баба
abuela

дядо
abuelo

баща
padre

майка
madre

бебе
bebé

дъщеря
hija

син
hijo

посетител

invitado

леля

tía

чичо

tío

брат

hermano

сестра

hermana

тяло
cuerpo

чело
frente
око
ojo
лице
cara
брадичка
pera
гърди
pecho
пръст
dedo
ръка
mano
ръка
brazo
рамо
hombro
крак
pierna

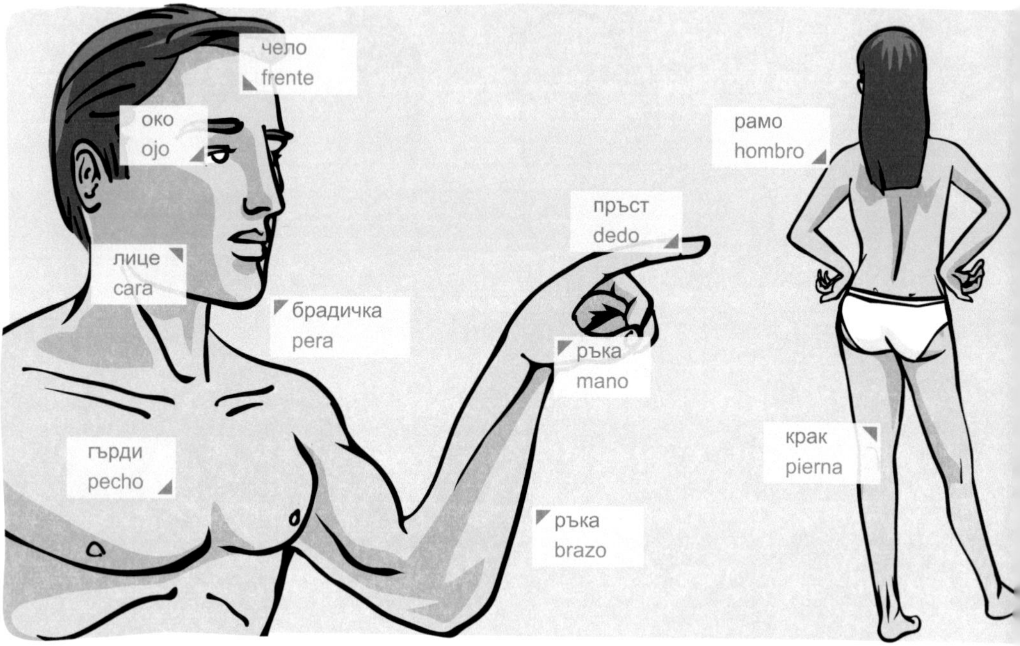

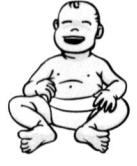

бебе
bebé

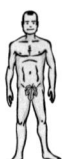

мъж
hombre

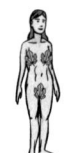

жена
mujer

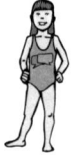

момиче
nena

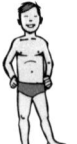

момче
nene

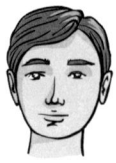

глава
cabeza

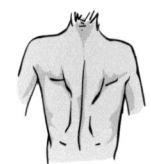

гръб

espalda

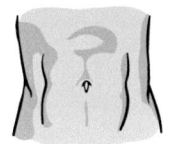

корем

panza

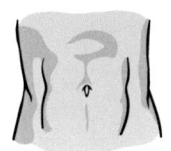

пъп

ombligo

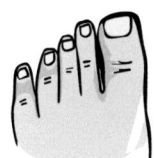

пръст на крака

dedo del pie

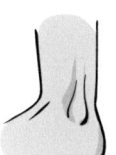

пета

talón

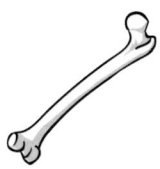

кост

hueso

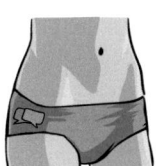

хълбок

cadera

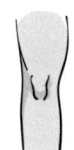

коляно

rodilla

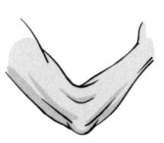

лакът

codo

нос

nariz

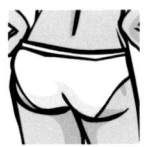

седалище

cola

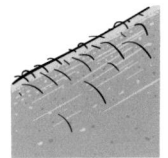

кожа

piel

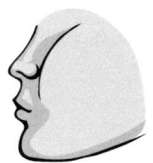

буза

cachete

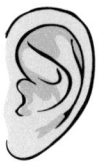

ухо

oreja

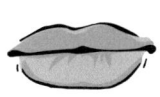

устна

labio

тяло - cuerpo

69

уста

boca

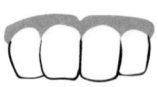

зъб

diente

език

lengua

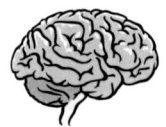

мозък

cerebro

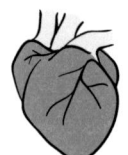

сърце

corazón

мускул

músculo

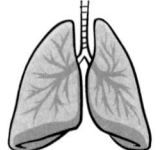

бял дроб

pulmón

черен дроб

hígado

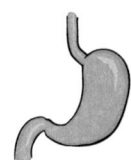

стомах

estómago

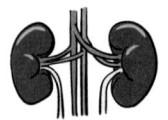

бъбреци

riñones

полово сношение

sexo

кондом

preservativo

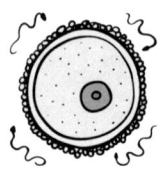

яйцеклетка

óvulo

сперма

semen

бременност

embarazo

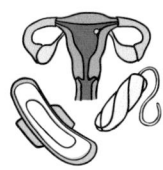

менструация

menstruación

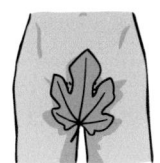

вагина

vagina

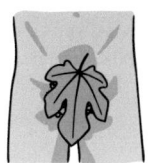

пенис

pene

вежда

ceja

коса

pelo

шия

cuello

болница
hospital

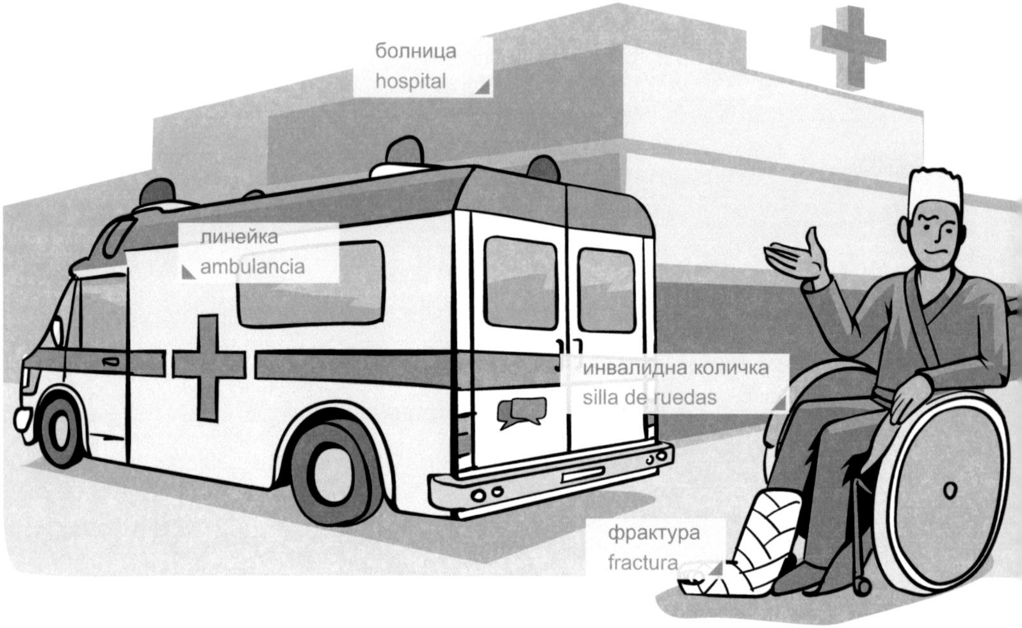

болница
hospital
линейка
ambulancia
инвалидна количка
silla de ruedas
фрактура
fractura

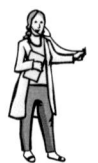

лекар

médico

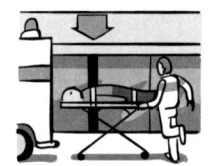

спешна хоспитализация

sala de guardia

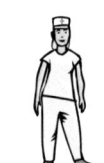

медицинска сестра

enfermera

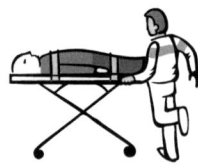

спешен случай

emergencia

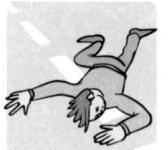

в безсъзнание

inconsciente

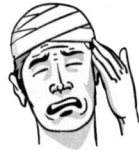

болка

dolor

нараняване

lesión

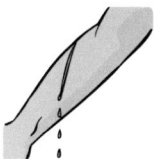

кървене

hemorragia

инфаркт

infarto

инсулт

ACV

алергия

alergia

кашлица

tos

температура

fiebre

грип

gripe

диария

diarrea

главоболие

dolor de cabeza

рак

cáncer

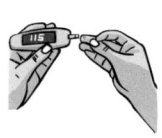

диабет

diabetes

хирург

cirujano

скалпел

bisturí

операция

operación

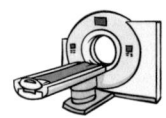

компютърна томография

TC

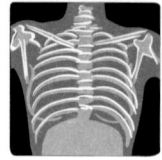

рентген

rayos x

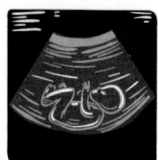

ултразвук

ecografía

маска

barbijo

болест

enfermedad

чакалня

sala de espera

патерица

muleta

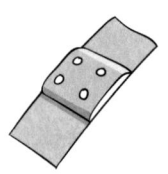

пластир

curita

превръзка

venda

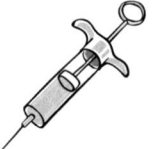

инжекция

inyección

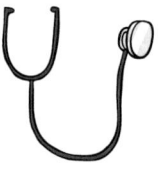

стетоскоп

estetoscopio

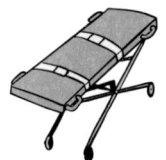

носилка

camilla

термометър

termómetro

раждане

nacimiento

наднормено тегло

sobrepeso

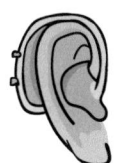

слухов апарат

audífono

дезинфекционно средство

desinfectante

инфекция

infección

вирус

virus

HIV / AIDS

VIH / SIDA

медицина

remedio

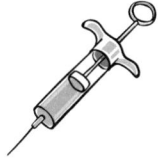

ваксинация

vacunación

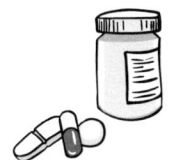

таблети

comprimidos

противозачатъчна
таблетка
pastilla anticonceptiva

спешно телефонно
обаждане
llamada de emergencia

апарат за измерване на
кръвното налягане

tensiómetro

болен / здрав

enfermo / sano

Помощ!

¡Ayuda!

сигнал за тревога

alarma

нападение

agresión

атака

ataque

опасност

peligro

авариен изход

salida de emergencia

Пожар!

¡Fuego!

пожарогасител

matafuego

злополука

accidente

комплект за оказване на
първа помощ

botiquín de primeros
auxilios

SOS

SOS

полиция

policía

Европа

Europa

Северна Америка

América del Norte

Южна Америка

América del Sur

Африка

África

Азия

Asia

Австралия

Australia

Атлантически океан

Atlántico

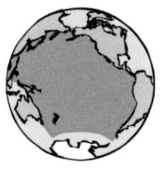

Тихи океан

Pacífico

Индийски океан

Océano Índico

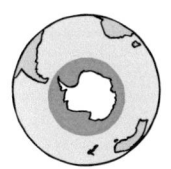

Южен ледовит океан

Océano Antártico

Северен ледовит океан

Océano Ártico

Северен полюс

polo norte

Южен полюс

polo sur

Антарктида

Antártida

Земя

Tierra

суша

tierra

море

mar

остров

isla

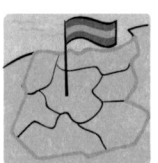

нация

nación

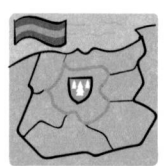

държава

estado

циферблат

esfera

стрелка на часовете

manecilla de las horas

стрелка на минутите

minutero

стрелка на секундите

segundero

Колко е часът?

¿Qué hora es?

ден

día

време

hora

сега

ahora

дигитален часовник

reloj digital

минута

minuto

час

hora

седмица
semana

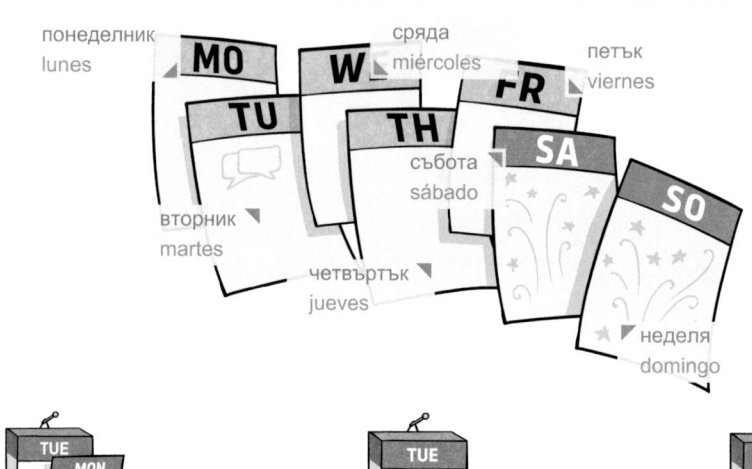

понеделник
lunes

сряда
miércoles

петък
viernes

вторник
martes

четвъртък
jueves

събота
sábado

неделя
domingo

вчера

ayer

днес

hoy

утре

mañana

сутрин

mañana

обед

mediodía

вечер

tarde

работни дни

días hábiles

уикенд

fin de semana

дъжд
lluvia

дъга
arco iris

сняг
nieve

вятър
viento

пролет
primavera

есен
otoño

лято
verano

зима
invierno

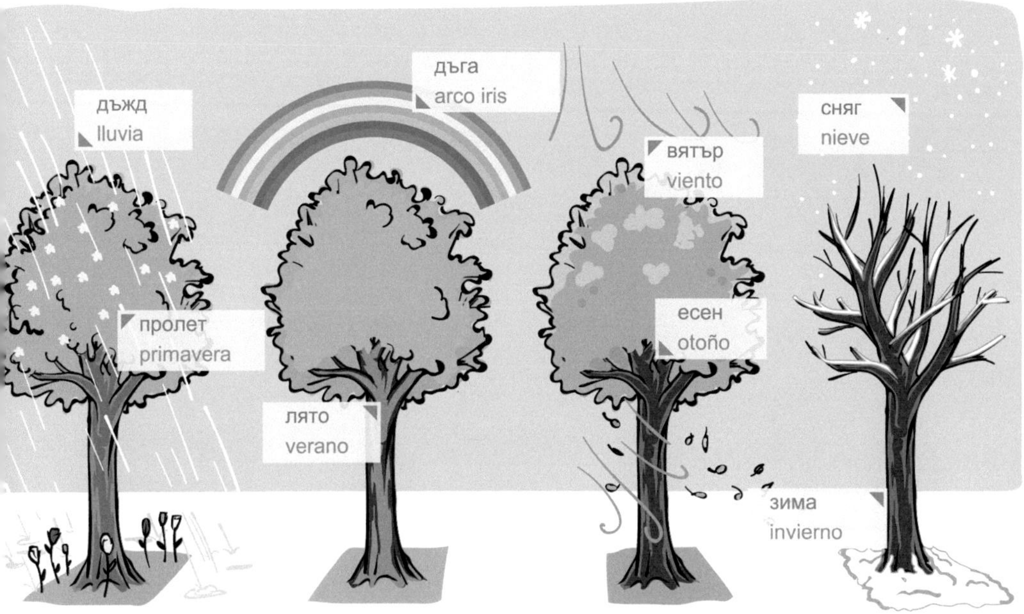

прогноза за времето

pronóstico meteorológico

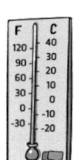

термометър

termómetro

слънчева светлина

luz del sol

облак

nube

мъгла

niebla

влажност на въздуха

humedad

светкавица

rayo

гръмотевица

trueno

буря

tormenta

градушка

granizo

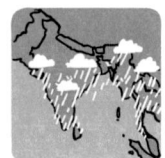

мусон

monzón

наводнение

inundación

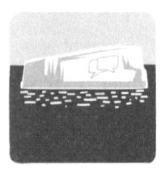

лед

hielo

януари

enero

февруари

febrero

март

marzo

април

abril

май

mayo

юни

junio

юли

julio

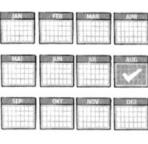

август

agosto

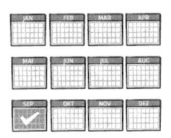

септември
....
septiembre

октомври
....
octubre

ноември
....
noviembre

декември
....
diciembre

форми
formas

кръг
....
círculo

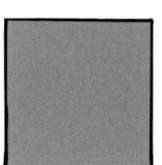

квадрат
....
cuadrado

четириъгълник
....
rectángulo

триъгълник
....
triángulo

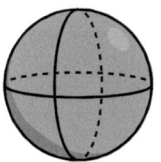

сфера
....
esfera

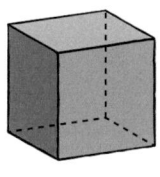

куб
....
cubo

бял

blanco

жълт

amarillo

оранжев

naranja

розов

rosa

червен

rojo

лилав

violeta

син

azul

зелен

verde

кафяв

marrón

сив

gris

черен

negro

много / малко

mucho / poco

ядосан / спокоен

enojado / tranquilo

красив / грозен

lindo / feo

начало / край

principio / fin

голям / малък

grande / chico

светъл / тъмен

claro / oscuro

брат / сестра

hermano / hermana

чист / мръсен

limpio / sucio

пълен / непълен

completo / incompleto

ден / нощ

día / noche

мъртъв / жив

muerto / vivo

широк / тесен

ancho / angosto

ядлив / неядлив

comestible / no comestible

сърдит / любезен

malo / amable

развълнуван / скучаещ

entusiasmado / aburrido

дебел / тънък

gordo / flaco

най-напред / най-накрая

primero / último

приятел / враг

amigo / enemigo

пълен / празен

lleno / vacío

твърд / мек

duro / blando

тежък / лек

pesado / liviano

глад / жажда

hambre / sed

болен / здрав

enfermo / sano

нелегален / легален

ilegal / legal

интелигентен / глупав

inteligente / estúpido

ляво / дясно

izquierda / derecha

близо / далече

cerca / lejos

нов / употребяван

nuevo / usado

нищо / нещо

nada / algo

стар / млад

viejo / joven

вкл. / изкл.

encendido / apagado

отворен / затворен

abierto / cerrado

тих / силен (звук)

silencioso / ruidoso

богат / беден

rico / pobre

правилен / погрешен

correcto / incorrecto

грапав / гладък

áspero / suave

тъжен / щастлив

triste / contento

дълъг / къс

corto / largo

бавен / бърз

lento / rápido

мокър / сух

mojado / seco

топъл / студен

caliente / frío

война / мир

guerra / paz

0	**1**	**2**
нула	едно	две
cero	uno	dos

3	**4**	**5**
три	четири	пет
tres	cuatro	cinco

6	**7**	**8**
шест	седем	осем
seis	siete	ocho

9	**10**	**11**
девет	десет	единадесет
nueve	diez	once

12
дванадесет

doce

13
тринадесет

trece

14
четиринадесет

catorce

15
петнадесет

quince

16
шестнадесет

dieciséis

17
седемнадесет

diecisiete

18
осемнадесет

dieciocho

19
деветнадесет

diecinueve

20
двадесет

veinte

100
сто

cien

1.000
хиляда

mil

1.000.000
милион

millón

английски

inglés

американски английски

inglés americano

китайски мандарин

chino mandarín

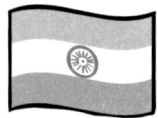

хинди

hindi

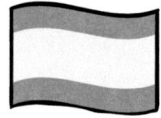

испански

español

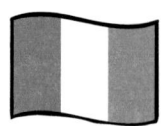

френски

francés

арабски

árabe

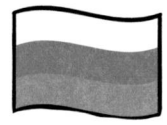

руски

ruso

португалски

portugués

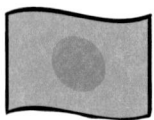

бенгалски

bengalí

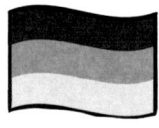

немски

alemán

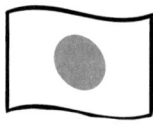

японски

japonés

аз
yo

ти
vos

той / тя / то
él / ella

ние
nosotros

вие
ustedes

те
ellos

кой?
¿quién?

какво?
¿qué?

как?
¿cómo?

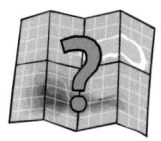

къде?
¿dónde?

кога?
¿cuándo?

име
nombre

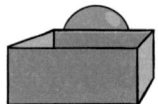

зад

detrás

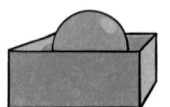

в

en

пред

adelante de

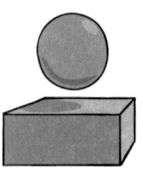

над

por encima de

върху

sobre

под

debajo de

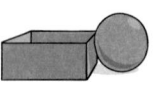

до

al lado de

между

entre

място

lugar